L'AMANT AUTEUR ET VALET,

COMÉDIE

EN UN ACTE ET EN PROSE,

Représentée pour la premiere fois par les Comédiens Italiens Ordinaires du Roi.

NOUVELLE ÉDITION.

A PARIS,

Chez N. B. DUCHESNE, Libraire, Rue S. Jacques, au-dessus de la Fontaine S. Bénoît, au Temple du Goût.

M. DCC. LXXIII.

Avec Approbation & permission.

ACTEURS.

ERASTE, neveu de Mondor.

MONDOR, amoureux de Lucinde.

LUCINDE, veuve.

FRONTIN, valet de Lucinde & d'Eraste.

LISETTE, suivante de Lucinde.

La Scene est à Paris, chez Lucinde.

L'AMANT AUTEUR ET VALET, COMÉDIE.

SCENE PREMIERE.

ERASTE, *seul*.

O Ciel! qu'ai-je fait? & comment me tirer de cet embarras? Ne suis-je donc né que pour faire des extravagances? Je me suis déguisé pour entrer au service de Lucinde, sans vues, sans raison, comptant tout gagner, si je pouvois la voir de plus près, & lui parler quelquefois; premiere sottise, & je vais aujourd'hui me faire chasser par une seconde.

SCENE II.

ERASTE, FRONTIN.

ERASTE.

AH, Frontin!

FRONTIN.

Ah, Monsieur!

ERASTE.

Je suis perdu!

FRONTIN.

Je venois vous le dire.

ERASTE.

Je suis sur le point de sortir de chez Lucinde.

FRONTIN.
Il faut bien s'y réſoudre, & au plutôt.
ERASTE.
Ce matin, ſuivant tes mauvais conſeils...
FRONTIN.
Ce matin, en allant chez votre Imprimeur.
ERASTE.
J'ai laiſſé dans la chambre de Lucinde.
FRONTIN.
J'ai découvert par le plus grand haſard du monde...

ENSEMBLE. { ERASTE... Qui ?
{ FRONTIN... Quoi ?

ENSEMBLE. { ERASTE... Mes vers...
{ FRONTIN. Votre oncle...

ENSEMBLE. { ERASTE... Mon oncle ?
{ FRONTIN. Vos vers ?

ERASTE.
Mon oncle, dis-tu ?
FRONTIN.
Oui, Monſieur, votre oncle eſt arrivé.
ERASTE.
Et l'as-tu vu ?
FRONTIN.
Quand je l'aurois vu, l'aurois-je pu reconnoître, depuis vingt-cinq ou trente ans qu'il eſt dans les pays étrangers ?
ERASTE.
D'où ſais-tu donc qu'il eſt arrivé ?
FRONTIN.
J'ai rencontré, dans la rue, un de mes anciens camarades, qui revenoit du Canada ; j'ai cru qu'il pourroit me donner quelques nouvelles de votre oncle ; mais il pleuroit, & pour lier converſation en lieu plus ſéant, je l'ai fait entrer... dans un cabaret.
ERASTE.
Allons, finis.
FRONTIN.
J'ordonne bouteille, elle arrive ; nous prenons nos verres, le bouchon ſaute ; nous buvons. Vous jugez bien qu'une ſi chere entrevue exige le récit de ſes aventures. Ah ! que les mers de ce pays là ſont orageuſes ! Il eſſuya une tempête horrible, ſur je ne ſai quelle côte, à vingt degrés de latitude, & à quarante-deux toiſes de longitude.
ERASTE.
Sais-tu bien que tu m'impatientes ?

FRONTIN.
Il est enfin arrivé avec un Seigneur originaire de Lyon ; (c'est votre patrie & celle de votre oncle) d'environ soixante ans, (l'âge se rapporte) qui revient en France avec des biens immenses; à ce trait-là, j'ai jugé nécessairement qu'il falloit que ce fût votre oncle.
ERASTE.
Belle nécessité ! Et t'a-t-il dit le nom de ce Seigneur ?
FRONTIN.
Oui, & c'est le seul article qui m'ait dépaysé ; ce n'est point Lisimon qu'il s'appelle.
ERASTE.
Qui, diantre, veux tu donc dire ? si ce n'est pas Lisimon, ce n'est point mon oncle.
FRONTIN.
Belle conséquence ! Vous qui faites des Romans, ne savez-vous pas qu'on change à propos de nom pour préparer les événemens extraordinaires ?
ERASTE.
Comment s'appelle-t-il enfin ?
FRONTIN.
Autant que je puis m'en souvenir, c'est un beau nom ! il finit en or. Mine d'or, Medor : aidez-moi un peu.
ERASTE.
Ne seroit-ce point Mondor ?
FRONTIN.
Oui, lui-même. Je savois bien que je m'en ressouviendrois.
ERASTE.
Je le connois, Frontin, il vient tous les jours ici ; je le crois même amoureux de Lucinde.
FRONTIN.
Peste ! tant pis. Un rival riche est encore plus à craindre qu'un oncle.
ERASTE.
Lucinde n'a rien à desirer du côté de la fortune. Veuve depuis peu, d'un mari vieux, jaloux & brutal, elle goûte trop le plaisir du veuvage, pour s'engager une seconde fois contre son inclination. Mais je me suis perdu moi-même, pour avoir suivi tes mauvais conseils.
FRONTIN.
J'en donne pourtant de bons ordinairement, j'étois sans doute à jeun quand je vous ai donné ceux-là
ERASTE.
J'ai laissé, dans la chambre de Lucinde, les vers que j'avois fait pour elle ; elle les a trouvés, & veut savoir absolu-

ment de quelle part ils viennent. Elle s'imagine que quelqu'un nous a gagnés, Lisette ou moi, & nous a fait mille questions, d'un air sévere, qui m'a déconcerté. J'ai pâli, j'ai rougi, j'ai changé vingt fois de visage. Enfin, suivant les apparences, nous allons, Lisette & moi, recevoir notre congé.

FRONTIN.

Tant mieux, car je serois d'avis que vous quittassiez le nom de l'Orange pour reprendre celui d'Eraste, & tenter ensuite l'aventure, sous un extérieur un peu plus décent.

ERASTE.

Elle me reconnoîtroit, Frontin, & ne me pardonneroit jamais la témérité de mon déguisement.

FRONTIN.

Hé! croyez-moi, les femmes ne sont jamais sincérement fâchées des folies que l'amour nous fait faire pour elles. Mais, à propos, comment Lucinde a-t-elle trouvé votre dernier Roman, où vous avez si bien décrit nos aventures & les siennes.

ERASTE.

Elle lit mes ouvrages, sans savoir qu'ils sont de moi, & semble même les lire avec plaisir : elle les loue, & c'est le seul suffrage qui puisse me flatter. Je me trouve le plus heureux des hommes d'avoir un talent qui puisse lui procurer quelque amusement. L'envie de lui plaire me rendoit tout aisé ; l'amour fait disparoître la gêne du travail, & m'inspire beaucoup mieux qu'Appollon.

FRONTIN.

Parbleu, je n'ai pas de la peine à le croire. Il m'inspire bien, moi qui vous parle. Je travaille, depuis quelques jours, à l'histoire de ma vie ; vous y verrez des traits aussi singuliers, des tournures aussi extraordinaires, une morale d'une nouveauté, d'une force... Mais, à propos, avez-vous songé à gagner Lisette ? Je vous avertis qu'il faut l'avoir pour confidente ou pour surveillante éternelle ; & si une fois elle s'apperçoit...

ERASTE.

Je n'ose m'y résoudre. Il y a deux jours que je cherche l'occasion de lui déclarer mon secret, & quand je l'ai trouvée, je ne sai quelle crainte me retient. Je la regarde, je soupire, & je n'ose lui en dire davantage ; car enfin, si elle me découvre à sa maîtresse...

FRONTIN.

Ne craignez rien. Dites-lui que je suis dans vos intérêts, & attendez tout de son zele ; elle m'aime, c'en est assez pour vous être favorable. La voici : je retourne chez votre Imprimeur.

SCENE III.

ERASTE, LISETTE, FRONTIN.

FRONTIN, *à Eraste.*

A Dieu, camarade, (*à Lisette.*) Bon jour, mon petit cœur, je voudrois pouvoir donner un moment d'audience à ton amour ; mais une affaire de la derniere considération m'appelle ailleurs. Adieu, ma Reine.
(Il sort.)

SCENE IV.

ERASTE, LISETTE.

LISETTE, *à part.*

A Dieu, mon fat. Il fait bien de s'en aller, sa présence commençoit à m'ennuyer, & je crois que je ne l'aime plus ; l'Orange vaut mieux que lui, & je crois ne lui être pas indifférente.

ERASTE.
Vous parlez seule, Mademoiselle Lisette.
LISETTE.
Je faisois une petite réflexion, où vous aviez quelque part.
ERASTE.
Vous voulez parler de ces vers, n'est-ce pas ?
LISETTE.
Pas tout-à-fait. Cependant vous avez eu grand tort de vous charger d'une pareille commission, & tout autre, à votre place, essuyeroit de ma part des reproches très-vifs.
ERASTE.
Je vous suis obligé de l'exception ; mais je puis vous assurer que si vous me connoissiez bien, vous ne me soupçonneriez pas de m'être chargé d'une commission semblable. Uniquement occupé des affaires de mon cœur, je ne me crois pas fait pour conduire celles des autres.

LISETTE.

Tant pis, car c'est un talent nécessaire dans notre état ; mais il faut espérer que les moyens que vous prendrez pour vous même, vous mettront à portée de pouvoir servir les autres, & il me paroît que vous ne débutez pas si mal.

ERASTE.

Comment, je ne débute pas si mal ! Qu'entendez-vous par-là, je vous prie ?

LISETTE.

Une chose toute naturelle. C'est que vous aimez, que vous cherchez à plaire, & que vous réussissez assez bien.

ERASTE, *à part.*

Se seroit-elle apperçue que Lucinde eût quelque bienveillance pour moi ? *(haut.)* Ce que vous dites-là est assurément bien flatteur. Mais sur quel fondement vous êtes-vous imaginée que j'étois amoureux ?

LISETTE.

Mais sur bien des apparences, des empressemens, des regards... des gestes... des soupirs même quelquefois ; tout cela m'a dit que vous aimiez, & tout cela m'a dit vrai.

ERASTE, *à part.*

Elle a deviné le motif de mes attentions & de mes assiduités. (*haut.*) Ensorte donc que si je vous faisois confidence de quelque affaire de cœur, vous ne me seriez point contraire.

LISETTE, *à part.*

Bon. Voici qui va nous mener à une déclaration en forme. *(haut.)* Mais... non, vous savez qu'ordinairement une affaire de cœur n'a rien d'effrayant. Sans trop de curiosité, où en êtes-vous ?

ERASTE.

Jusqu'à présent je me suis contraint, & mon amour malgré sa violence, n'a point encore osé se faire connoître.

LISETTE, *à part.*

Effectivement, il ne m'en a pas encore ouvert la bouche. (*haut.*) Mais vous avez tort, c'est aimer en pure perte. Parlez, croyez-moi, la timidité ne sied plus à votre âge, sur-tout avec des personnes qui ne sont point accoutumées à faire les avances. Parlez, vous dis-je : j'oserois presque vous assurer qu'on vous écoutera sans colere. Les femmes ont aujourd'hui l'esprit mieux fait qu'au bon vieux tems ; elles ne se fâchent plus contre ceux qui les aiment, & la reconnoissance, sur cet article, est la vertu favorite du sexe.

ERASTE.

Ne me trompez-vous point ? Avez-vous remarqué dans
l'objet

COMÉDIE.

l'objet de mes feux quelques difpofitions favorables ?... Ah! que ne vous devrois-je point !

LISETTE, *à part.*

Il s'enhardit. Aidons un peu à la lettre. (*haut.*) Penfez-vous, Monfieur, qu'on voulût badiner fur une affaire auffi férieufe ? Oui, l'on m'a fait confidence des fentimens que vous infpirez ; & pour vous donner des preuves de ce qu'on vous avance, vous verrez votre rival maltraité à vos yeux même : je crois qu'après un pareil triomphe, vous ne douterez plus de votre victoire.

ERASTE, *à part.*

Elle congédieroit Mondor ! Puis-je me flatter d'un pareil bonheur ? Puis-je croire qu'une fi glorieufe conquête ?...

LISETTE.

Glorieufe conquête ! Les amans & les Gafcons font furieufement amis de l'hiperbole. N'importe, je vous la pardonne. L'objet aimé nous frappe toujours d'illufion, & l'on doit excufer les yeux que l'on éblouit.

ERASTE.

Quoi ! férieufement, vous croyez que Lucinde ne s'offenferoit point d'une paffion...

LISETTE.

Et qu'a-t-elle d'offenfant ? Vos vues ne font-elles pas légitimes ?

ERASTE.

Je puis vous l'affurer, & je fuis même d'une condition...

LISETTE.

Oh, je vous difpenfe de faire vos preuves de nobleffe. Ne craignez rien, ma maîtreffe approuvera vos feux ; ce n'eft point lui manquer de refpect que d'avoir des fentimens auffi louables ; & après tout, fi cela lui déplaifoit, nous nous pafferions fort bien d'elle.

ERASTE.

Nous nous pafferions d'elle !

LISETTE.

Cela vous étonne ? Ayez meilleure opinion de vous, & , je l'ofe dire, de ma délicateffe, fi vous méritez qu'on vous aime, il n'y a point de fortune que je ne vous facrifie ; mais tout ceci doit fe faire par degrés, au moins. Vous voyez le prix, fongez à le mériter.

ERASTE, *à part.*

Elle n'a pas mal pris le change, & moi auffi. Ah ! je m'étonnois bien que Lucinde...

LISETTE.

J'entends quelqu'un. Pefte foit de l'importun ; cette conversation, quoique préliminaire, nous alloit conduire aux articles. Ah! c'est Monsieur Mondor.

SCENE V.

MONDOR, ERASTE, LISETTE.

MONDOR.

Bon jour, ma belle enfant, comment se porte Lucinde ? Dis-moi, comment va son cœur ? En qualité de femme de chambre, tu dois en avoir la direction.

LISETTE.

Tout ira bien, Monsieur, c'est moi qui vous le dis.

MONDOR, *à part, à Lisette*.

Que fais-tu ici de ce garçon ? Sa phisionomie ne me revient pas. Il refusa l'autre jour un présent que je voulois lui faire ; c'est un nigaut, il a l'air benêt.

LISETTE.

C'est pourtant un bon garçon, mais il y a peu de tems qu'il est dans le service, il ne sait point encore les regles. Dans le fond, il vous honore, & vous respecte infiniment.

MONDOR.
(à Eraste.)
Ah! c'est quelque chose. Cela est-il vrai?

ERASTE.

Vous me feriez tort d'en douter, Monsieur.

MONDOR.

Effectivement, je ne lui trouve pas l'air si extraordinaire ; je lui crois du discernement. Oh ça, Lisette, j'aime Lucinde, comme tu sais, & à mon âge on n'a pas de tems à perdre. Crois-tu que je puisse me déclarer? Je n'aime point à languir, moi. Voilà la quatrieme fois que je vois ta maîtresse, & je ne lui ai point encore déclaré mon amour, quoique je l'aie aimée à la premiere vue ; ce silence respectueux mérite quelque chose. Fais ensorte que ta maîtresse m'en sache gré, & que toutes mes visites me soient comptées.

LISETTE.

Déclarez-vous, Monsieur, & je me charge du reste. Je lui parlerai incessamment de vous, lui vanterai votre mérite. Il

y a mille amans qui font plus de progrès par les services qu'on leur rend que par leur présence.
ERASTE.
Qu'elle est officieuse !
MONDOR.
Je vais donc m'offrir, moi, mon cœur, ma main, sans compter une fortune immense.
LISETTE.
On pourroit dire que les biens ne sont avantageux qu'autant qu'on en sait faire usage; mais je répondrai que vous êtes d'une générosité...
MONDOR.
Il est vrai que je donne de bon cœur, & cela me fait ressouvenir de te faire accepter cette bague.
LISETTE.
Mais, Monsieur...
MONDOR.
Prends, te dis-je, & ne fais point la ridicule pour une bagatelle semblable.
LISETTE.
Vous vous moquez, Monsieur, votre main donne un prix inestimable aux moindres présens que vous faites, & je reçois celui-ci sans scrupule, parce que je vous regarde déjà comme mon maître.

SCENE VI.

LUCINDE, MONDOR, ERASTE, LISETTE.

LUCINDE.

Cela m'inquiete à la fin ; voilà plusieurs galanteries de cette nature, que je reçois sans savoir de quelle part.
MONDOR.
Ah ! Madame, je vous demande pardon de ne m'être pas plutôt apperçu de votre arrivée; je vois bien que l'amour ne donne pas le talent de deviner.
ERASTE, *à part.*
Mon cœur me l'avoit pourtant annoncée.
LUCINDE.
Comment donc ? Vous êtes galant, Monsieur.

MONDOR.

Je suis mieux que cela, Madame, je suis vrai. Je viens d'un pays où l'on dit bonnement sa pensée. Il semble qu'on respire encore dans cet heureux climat, un air de cette franchise & de cette droiture naturelle aux Sauvages, mais surtout en fait d'amour. On se voit, on s'aime, on se le dit; si l'on se convient, on s'épouse. Pour moi, je trouve ce procédé charmant; & si c'étoit la mode, je vous demanderois sans façon; Madame, suis-je votre fait?

ERASTE, *à part.*

La délicate façon d'aimer?

LISETTE.

Que ne suis-je en Canada!

LUCINDE.

Que ce pays ressemble peu à celui dont vous parlez? La bouche est rarement ici l'interprete du cœur : fort volontiers chacun y pense mal des autres; mais par ménagement, bienséance ou intérêt, on se trouve obligé de déguiser ses sentimens; ce qui a fait introduire, pour la commodité du commerce de la vie, une espece de jargon, qu'on appelle galanterie, politesse, savoir vivre, à la faveur duquel on se dit réciproquement les choses du monde les plus obligeantes; mais sans conséquence, on en est convenu; & si quelqu'un étoit assez dupe pour prendre ces complimens au pied de la lettre, on l'accuseroit de ne pas savoir son monde.

MONDOR.

La parole n'est faite que pour exprimer ce qu'on pense, & voici le fait : un heureux hasard m'a fait lier connoissance avec vous; la lettre dont votre oncle le gouverneur m'a chargé, me l'a procurée. Vous m'avez permis de vous rendre mes devoirs, j'ai cru ne pouvoir mieux que de vous aimer, parce que j'y trouve un plaisir inexprimable. Je puis donc vous offrir, avec ma main, le partage de cent bonnes mille livres de rente. Si j'étois jeune, je vous crois si désintéressée que je ne vous parlerois pas de mon bien; mais je commence à ne l'être plus. Il vous faut un prétexte pour m'épouser, je vous l'offre.

LISETTE, *bas à Lucinde.*

Résistez à cela, si vous pouvez.

LUCINDE.

Si vos propositions sont sinceres, elles ne sont pas moins brillantes; mais si j'allois vous tromper, moi.

MONDOR.

Est-ce que vous savez votre monde? Allez, allez, je vous connois trop pour le craindre.

COMÉDIE.
LUCINDE.

Vous avez raifon, & c'eſt parce que je ſuis ſincere, que je vous conſeille de prendre encore du tems pour me mieux connoître. Je me ſuis mariée par obéiſſance, vous voulez que je marie par raiſon. Voilà deux motifs qui ne font pas faire de l'hymen une épreuve bien avantageuſe, & je voudrois avoir plus que de la reconnoiſſance pour un homme qui auroit voulu faire mon bonheur.

MONDOR.
C'eſt-à-dire, que vous ne ſentez point pour moi de paſſion violente?

LUCINDE.
Non, vraiment.

MONDOR.
Je le crois, vous n'avez pas eu le tems; auſſi n'avez-vous point d'averſion...

LUCINDE.
J'en ſuis bien éloignée.

MONDOR.
Voilà tout ce que je demande. Un mari eſt trop heureux quand on ne le trouve pas inſupportable.

LISETTE, *bas à Lucinde.*
Quel tréſor, Madame!

MONDOR.
Et je ne vous donnerai pas ſeulement le tems d'être indifférente. Tous vos momens ſeront marqués par des plaiſirs nouveaux.

LUCINDE.
Vous êtes d'une humeur charmante.

MONDOR.
Vous pouvez compter ſur des complaiſances infinies & perpétuelles. Ce ſont ordinairement les mauvaiſes manieres qui détruiſent l'amour entre les époux, & par conſéquent les bonnes doivent le faire naître.

LUCINDE.
Savez-vous bien que vous êtes dangereux, Monſieur, & que de pareils ſentimens valent, pour le moins, les agrémens de la jeuneſſe?

MONDOR.
C'eſt-à-dire, que vous vous rendez.

LUCINDE.
Oh! pas encore; car je me défie des Poëtes; ils exagerent ordinairement, & vous faites de ſi jolis vers, que je crains que vous ne donniez dans la fiction.

MONDOR.

Des vers, Madame! si j'osois vous demander ce que vous entendez par-là?

LUCINDE.

Allez, Monsieur, je ne suis point ridicule; loin de m'en fâcher, je vous permets de m'en donner souvent; car ils sont très-jolis.

MONDOR.

Parlez-vous sérieusement, Madame! je vous ai donné des vers, moi? Vous vous moquez, je n'en ai jamais su faire.

LUCINDE.

Ne vous en défendez point: je vous dis qu'ils m'ont fait plaisir.

MONDOR, *bas*.

Que diable veut-elle donc dire avec ces vers? (*haut.*) Mais, Madame, jettez seulement les yeux sur moi, ai-je l'air & l'encolure d'un Poëte.

LISETTE, *à Mondor*.

Si c'est vous qui les avez faits, pourquoi ne pas l'avouer? Vous auriez fort bien pu vous adresser à moi pour les faire tenir.

MONDOR.

A l'autre!

LISETTE, *à Lucinde*.

(*à Mondor.*)

C'est Monsieur qui les a faits. Dites donc qu'oui.

MONDOR.

Mais il y a de la conscience, je n'ai jamais fait que des lettres de change, moi.

LUCINDE.

Tenez, lisez vous-même. Je suis persuadée que vous les trouverez bons, quoiqu'ils soient de vous.

MONDOR, *lit mal*.

Ah! qu'il est douloureux de cacher son amour
Pour un objet où brillent tant de charmes!
J'aime Daphné...

Parbleu, voilà des vers que je pourrois fort bien avoir faits; ils ne valent pas le diable.

ERASTE.

Monsieur, la plupart des Poëtes n'ont pas le don de bien lire leurs ouvrages. Je me suis fait une étude particuliere de la lecture, & si vous voulez que je vous épargne la peine...

COMÉDIE.
MONDOR.
Tu me feras plaisir, l'Orange. Voyons comment tu t'en tireras.
LUCINDE, à Lisette.
Il le fait exprès.
LISETTE.
Sans doute.
ERASTE, lit.

Ah! qu'il est douloureux de cacher son amour
*   Pour un objet où brillent tant de charmes!*
J'aime Daphné, je la vois chaque jour,
Mas ce bonheur fait naître mes alarmes:
Il redouble les feux dont je suis consumé,
*   Et le respect veut que je les dévore:*
Amour! je n'attends point le plaisir d'être aimé:
Mais donne-moi celui de dire que j'adore.

(*Il regarde Lucinde en soupirant.*)
LUCINDE.
L'Orange lit fort bien vraiment.
MONDOR.
Le respect... que j'adore... cela est assez joli.
LUCINDE.
Vous convenez donc que c'est de vous qu'ils me viennent.
MONDOR.
Puisque vous le voulez absolument, il faut bien que cela soit. (*bas.*) Il n'y a pourtant rien de si faux. (*haut.*) Parbleu vous ne pouvez plus vous dispenser de faire quelque chose pour moi, Madame, puisque je fais pour vous... l'impossible.
LUCINDE, riant.
Je ne fais qu'en dire; en vérité, je ne puis me résoudre à vous ôter toute espérance; mais sur-tout, donnez-moi souvent des vers, donnez-les vous-même; ils n'en seront que mieux reçus.
MONDOR.
Laissez-moi faire, je vous jure que vous n'en manquerez pas, si mon Apollon veut m'être toujours aussi favorable. Adieu, Madame, je vais chez mon banquier pour y recevoir un paiement; car on ne peut pas toujours faire des vers,

je reviendrai enfuite. Je vous conjure cependant de faire quelque attention à ma profe, elle eft plus fonore que ma poéfie... (*à part, en fortant.*) Poëte! parbleu, je ne penfois pas, en arrivant ici, à me voir enrégiftrer au Parnaffe, je crois qu'elle fe moque de moi.

SCENE VII.

LUCINDE, ERASTE, LISETTE.

LUCINDE.

IL fe divertit & m'amufe. Tâchons de favoir qui de Lifette ou de l'Orange, s'intéreffe en fa faveur, & a mis ces vers fur ma toilette. L'Orange les a lus d'une maniere à me faire croire que c'eft lui. Hé bien, Lifette, que penfez-vous de Mondor.

LISETTE.

Qu'il vous aime autant que vous méritez de l'être, Madame, & cela fignifie qu'on ne peut rien ajouter à fon amour.

LUCINDE.

Il auroit de la peine à s'expliquer mieux, s'il parloit lui-même. Et vous, l'Orange, croyez-vous qu'il m'aime autant que Lifette le dit?

ERASTE.

Ne me demandez point fi l'on vous aime, Madame, ce fentiment doit être naturel à tous ceux qui ont le bonheur de vous connoître.

LUCINDE.

(*à part.*) (*haut.*)
Ils font d'intelligence. Je ne fuis pas encore décidée fur fon compte. Je vous crois tous deux attachés à ma perfonne. Dites-moi naturellement ce que vous penfez là-deffus.

LISETTE.

Tous ceux à qui vos véritables intérêts feront chers, vous confeilleront de conclure ce mariage. Il eft prodigieufement riche, & c'eft un grand point, Madame.

LUCINDE.

Il eft vrai. Mais il peut être avare.

LISETTE.

COMÉDIE.
LISETTE.
Je ne le crois pas sujet à ce défaut (*en regardant le diamant.*) Il a une certaine façon de s'annoncer...

LUCINDE.
Je suis charmée de ce que tu me dis-là. Mais d'où te vient ce brillant ? Il me semble l'avoir vu à Mondor.

LISETTE.
Hélas ! il faut qu'il me l'ait donné sans que je m'en sois apperçue.

LUCINDE.
Voilà une heureuse distraction.

LISETTE.
Mais je le lui rendrai, & je lui dirai fort bien que cela ne convient pas.

LUCINDE.
(*à part.*)   (*haut à Eraste.*)
Je n'en puis plus douter. As-tu vendu bien cher ton suffrage ?

ERASTE.
Madame, je ne suis pas sujet aux distractions. Monsieur Mondor m'a voulu faire des présens : mais ses offres m'ont paru indignes de lui & de moi : ce sont des soins assidus & une passion sincere & appouvée qui doivent conduire au bonheur d'être votre époux ; tout autre secours en dégrade le plaisir & la gloire.

LISETTE, *d'un air de pitié.*
Le beau raisonnement.

LUCINDE.
Laissez-le parler, Lisette.

ERASTE.
Et puisque Madame me permet de dire mon sentiment, je lui avouerai que je serois surpris, après la triste expérience qu'elle a fait du mariage, de lui voir épouser un vieillard qui ne peut que lui offrir des richesses peu capables de flatter un cœur comme le sien.

LISETTE.
Un vieillard ! Un homme est-il vieux à soixante ans ? Et je gagerois que Monsieur Mondor ne les a pas encore. Vous feriez mieux de vous taire.

LUCINDE.

Donnez-vous ce conseil à vous-même, Lisette.

ERASTE.

J'ai le bonheur d'être attaché à Madame, & le ciel m'est témoin que ce n'est point par intérêt. Mon zele part d'un motif & plus pur & plus noble, & je sacrifierois tous les biens du monde plutôt que de lui rien proposer qui pût la rendre malheureuse.

LUCINDE, *à part.*

J'en suis persuadée. Ce garçon a le cœur excellent.

LISETTE.

Comment malheureuse! cinquante mille livres de plus n'ont jamais produit un pareil effet.

ERASTE.

Les richesses sont une foible ressource contre les chagrins domestiques, & une triste consolation des malheurs attachés à un mariage mal assorti. Un mari vieux est ordinairement un mari jaloux ; & quelque vertueuse que puisse être sa femme, elle n'en est pas moins persécutée. La certitude où il est de ne pouvoir lui plaire, enfante des soupçons insupportables, qu'on augmente en voulant les guérir. Tout lui est suspect, jusqu'aux attentions d'une chaste épouse. Mais avec un mari jeune & tendre, on trouve un ami dans la société, un consolateur dans ses peines, un amant dans le sein même du mariage ; il fait son unique affaire de vos plaisirs, parce que vos plaisirs sont les siens. Toujours enflammé, toujours constant, parce qu'il est toujours heureux. Voilà, Madame, l'époux qui peut seul mériter votre main & votre cœur.

LISETTE.

Si Madame n'en épouse jamais d'autre, je lui prédis qu'elle mourra veuve. Vous devriez, pour l'honneur de votre tableau, nous en montrer l'original.

ERASTE.

Il ne seroit pas si difficile à trouver. Je ne détaille ici que des sentimens, & Madame est sure de les trouver, puisqu'ils doivent être l'ouvrage de ses charmes.

LISETTE.

Et moi, je soutiens...

LUCINDE.

Il suffit. (*à part.*) Tant d'esprit dans un domestique ! cela n'est pas naturel. Je sai préfentement à quoi m'en tenir fur le chapitre des vers. Et vous, l'Orange, je vous rends juftice. Dans un moment j'aurai une commiffion à vous donner, Lifette.

(*Elle fort.*)

SCENE VIII.

ERASTE, LISETTE.

LISETTE.

Applaudiffez-vous. Vous venez de faire un beau coup. Ah ! que vous êtes heureux qu'on ne puiffe pas vous vouloir du mal ! Prenez-y garde au moins, ce zele mal entendu vous donneroit un ridicule affreux. Il faut que chacun s'accoutume à penfer felon fon état. Rien n'eft fi mal placé qu'un avis généreux dans la bouche d'un domeftique, & le confeil qu'il donne, fût-il le meilleur du monde, un maître.eft engagé, par honneur, à faire. tout le contraire ; c'eft la regle.

ERASTE.

C'eft pour cela, fans doute, que vous en donnez un mauvais à Madame.

LISETTE.

Un mauvais !

ERASTE.

Mais, s'il eft bon, Lucinde eft engagée à faire le contraire. Ne dites-vous pas que c'eft la regle ?

LISETTE.

Cela eft bien différent ; une femme de chambre eft, par fon état, le confeil privé de Madame, & Madame, quand elle fait vivre, ne doit rien faire fans l'avis de fa femme de chambre : c'eft encore la regle... Mais revenons à notre entretien de tantôt ; nous étions convenus, ce me femble...

ERASTE.

Voici Frontin, & j'ai mes raifons pour ne point parler de cela devant lui.

LISETTE, *à part.*

Il croît que je l'aime encore. (*haut à Eraste.*) Soyez en repos (*à part.*) Je vais faire confidence de cet amour à Lucinde, elle pourroit se fâcher si je lui en faisois mystere.

SCENE IX.

ERASTE, LISETTE, FRONTIN.

FRONTIN.

Bon jour, mes amis. Hé bien, qu'est-ce ? Comment te portes-tu, mon enfant ? Tu peux à présent me faire ta cour, j'ai quelques minutes à te sacrifier.

LISETTE, *tendrement.*

Adieu, l'Orange.

FRONTIN.

Hé fi !

LISETTE, *plus tendrement.*

Adieu, l'Orange.

SCENE X.

ERASTE, FRONTIN.

FRONTIN.

Monsieur, voilà des adieux significatifs.

ERASTE.

Nous nous adressions à merveille pour en faire une confidente ! cette folle s'est imaginée que je l'aimois ; & bien plus, Frontin, elle m'aime.

FRONTIN.

Cela ne se peut pas, Monsieur.

ERASTE.

Il est vrai que la préférence doit t'étonner ; mais cela ne laisse pas d'être.

FRONTIN.

La chienne !

ERASTE.

Rassure-toi, je te l'abandonne.

FRONTIN.

Vous me faites là un beau présent ! m'abandonner une perfide. J'enrage ! mais je suis un grand sot ; je ne l'aimois pas, & son inconstance me pique.

ERASTE.

Lucinde ne me paroît point disposée en faveur de Mondor, cela me rassure. Lisette est chargée de l'affaire des vers. Mais mon amour que deviendra-t-il ? Et quelles mesures prendre pour le faire triompher ?

FRONTIN.

Voilà enfin l'épreuve de votre Roman.

ERASTE.

Ah ! bon, je puis corriger ici ; il n'y a pas d'apparence qu'on vienne m'interrompre. Lucinde est rentrée, & je ne crois pas qu'elle ressorte si-tôt... Je reconnois-là mon Imprimeur, quel papier ! quel caractere !

FRONTIN.

Les doigts me démangent dès que je vois écrire ; c'est une rage ; aussi portai-je toujours avec moi mon ouvrage. Allons, cédons au noble transport qui nous anime, écrivons, instruisons l'Univers... Trouvons d'abord un titre heureux : *Le parfait Domestique*. Fort bien, ou *l'Histoire curieuse & véritable du célebre Frontin*. Charmant début.

SCENE XI.

LUCINDE, ERASTE, FRONTIN.

LUCINDE.

Lisette vient de m'étonner. Les sentimens que ce garçon fait paroître, annonceroient en lui des inclinations plus relevées. Mais j'ai des soupçons sur sa naissance que je veux éclaircir. Le voilà, si je ne me trompe, dans quelque occupation sérieuse. Approchons doucement, & sachons ce que ce peut être.

ERASTE.

Le désagréable métier que de corriger des ouvrages! Voilà déjà plus de dix fautes dans le premier feuillet. Tu lui diras de ma part, que je suis tout à fait mécontent.

LUCINDE.

Je n'y manquerai pas.

FRONTIN.

Comment diable! j'écris comme un Ange! Si cela continue, l'Ouvrage sera court; je n'en ai fait que trois pages, & me voilà presque à la fin. Eh bien, il ennuira moins.

ERASTE.

Si tu voulois bien ne pas parler si haut.

FRONTIN.

Au reste, c'est une belle qualité, & même assez rare, que de savoir être laconique; mais aussi ne faut il rien omettre des principales actions de ma vie. Récapitulons un peu. Dans les circonstances de ma naissance, je n'ai rien oublié que le nom de mon pere, mais ce n'est pas ma faute, que ne s'est-il fait connoître? Voilà mes campagnes sur mer, de Toulon à Marseille, & de Marseille à Toulon.

ERASTE.

On a bien raison de dire qu'un ouvrage n'est pas encore achevé, quand il est entre les mains de l'Imprimeur.

FRONTIN.

Chapitre troisieme. Comme quoi Frontin paroît à la Cour, rend de grands services à un jeune Seigneur, & le met dans le monde au moyen des bonnes connoissances qu'il lui donne.

LUCINDE, *à part.*

Votre style me paroît beau.

ERASTE.

Trouvez-vous cela, Monsieur Frontin? Je suis fort aise qu'il soit de votre goût.

FRONTIN.

*Frontin entre valet de chambre de Monsieur ***.* Il faut avoir de la discrétion, & ne point nommer les masques. *Il vole son maître, qui s'en apperçoit, & ne le chasse point,* je connoissois mon homme, il m'auroit chassé si je l'avois servi fidelement.

ERASTE.

Il n'est pas permis de tenir contre tant de sottises. Demande-lui s'il se moque de moi.

COMÉDIE

LUCINDE, *à part.*

Cela suffit, je lui dirai.

ERASTE.

Monsieur Frontin fait l'agréable ; il adoucit sa voix : il en est sans doute à quelque endroit tendre de son Roman.

FRONTIN.

Me voici à l'infidélité de ma Coquette. Allons, broyons du noir, barbouillons-là des plus affreuses couleurs ; que ce tableau effraie tout son sexe, qu'il soit semé de réflexions ; les réflexions sont la rocambole des Romans.

LUCINDE, *à part.*

Son Héroïne ne ressemble guere au portrait qu'il en fait.

FRONTIN.

J'entre dans un bosquet pour rêver à la perfide, je la trouve sur un lit de gazon en Pet-en-l'air.

ERASTE.

Frontin ! Frontin !

FRONTIN.

Attendez, Monsieur, je n'ai plus qu'un mot à écrire. *Je lui jette un coup d'œil assez farouche, elle veut fuir mes reproches ; mais un orage épouvantable, inonde tout-à-coup le jardin. Déjà le bosquet est entouré d'eau, ma perfide en a jusqu'à mi jambe : je ne daigne pas lui donner le moindre secours, & je monte sur un arbre.* Quelle magnifique description !

ERASTE.

Frontin !

FRONTIN.

Je suis à vous... Ah ! nous sommes perdus !
(Il tousse, & fait des signes à Eraste.)

ERASTE.

Qu'as tu donc ? Que veux tu dire ?

FRONTIN.

L'Orange, sais tu bien qu'il est ridicule de me faire attendre si long-tems pour une bagatelle semblable ?

ERASTE, *se retournant.*

Ah Ciel... Madame, je vous fais mille excuses ; je ne vous croyois pas si près.

LUCINDE.

A quoi étiez-vous occupé ?

FRONTIN.

Madame, il est inutile de vous rien déguiser. J'ai quelque goût pour les relations, & je m'amuse de tems en tems, à en donner au public. Cela ne doit point vous surprendre, car je suis petit-fils, en ligne directe, de ce cocher fameux, qui a tant fait de bruit dans Paris. Mais j'ai toujours négligé l'ortographe, & l'Orange, mon camarade, me fert pour ces minuties. Nous partageons les profits.

ERASTE, *bas à Frontin.*

Misérable ! Qu'as-tu fait ? M'avoir ainsi laissé surprendre !

FRONTIN.

C'est l'effet de la composition ; j'étois dans l'enthousiasme. Adieu, Camarade.

SCENE XII.

LUCINDE, ERASTE.

LUCINDE, *bas.*

Que veut dire ceci ? Il parle à Frontin d'un air d'autorité : (*haut.*) L'Orange, où avez-vous connu ce garçon-là ?

ERASTE.

Madame, notre connoissance s'est faite à Lyon.

LUCINDE.

Etes-vous de cette ville ?

ERASTE.

Je crois qu'oui, Madame. (*à part.*) Je suis tout troublé.

LUCINDE.

Vous croyez ? Ce sont de ces choses qu'on peut affirmer sans aucun doute : je connois les principales maisons de cette ville, j'y ai même des parens. Avez-vous servi dans ce pays ?

ERASTE.

Non, Madame, vous êtes la premiere personne à qui j'ai eu l'honneur d'offrir mes services.

LUCINDE.

Je vous ai pris chez moi, sans beaucoup m'informer de vous. Votre phisionomie, votre façon de penser & de vous exprimer, un certain air au-dessus de votre état, tout m'a parlé pour vous. Je crois que je ne me suis point trompée, & je suis fort satisfaite de vous avoir.

ERASTE.

Madame, l'envie de vous contenter & de mériter vos bontés, m'aura sans doute donné de nouveaux talens. Heureux de voir agréer mon zele par la personne qui le mérite le mieux !

LUCINDE.

Ce n'est point un compliment que je vous demande ; je
veux

veux connoître votre famille, & non pas votre esprit ; je sais que vous n'en manquez pas. Apprenez-moi qui vous êtes, qui sont vos parens, pourquoi vous vous trouvez réduit à cet état : car il me semble que vous n'avez point été élevé pour servir. On ne voit point des gens de votre sorte agir avec cette liberté, cette aisance que l'on n'acquiert que dans un certain monde. Je dirai plus, j'ai remarqué en vous des sentimens qui ne se trouvent guere que dans des personnes bien nées, & dont l'éducation a perfectionné le bon naturel.

ERASTE, *à part*.

(*haut.*)

Que cet examen est rude à soutenir ! Madame, mes parens ne sont pourtant pas riches, mais ils coulent des jours paisibles dans cet heureux état de médiocrité où la fortune est trop bornée pour inspirer des vains desirs, & où les desirs sont trop modérés pour souhaiter une plus grande fortune.

LUCINDE.

Mais comment donc ? Voilà l'état du vrai sage. Pourquoi les avez-vous quittés ? Je vous crois trop raisonnable pour vous soupçonner de vous être brouillé avec eux... Vous seroit-il arrivé quelque affaire ? Auriez-vous des raisons pour vous cacher ?... Vous me paroissez embarrassé. Rassurez-vous, je n'ai point envie de vous nuire. Dites-moi, l'amour n'auroit-il point de part à ceci.

ERASTE.

L'amour, Madame ? Quoi ! vous pourriez penser...

LUCINDE, *bas*.

(*haut.*)

Quelle agitation ! Lisette a raison, il l'aime. Je ne suis point si sévere, je sais qu'à votre âge, on peut sans crime avoir une inclination. Je crois même m'être apperçue qu'il y a ici quelqu'un qui ne vous est pas indifférent. Oui, l'Orange, vous aimez, convenez-en. (*bas.*) C'est pourtant dommage ; car, en vérité, Lisette ne le vaut pas.

ERASTE.

Hélas ! Madame, il n'est que trop vrai qu'on n'est pas maître de son cœur ; mais je mourrois plutôt que de sortir du respect que je vous dois.

LUCINDE, *bas*.

Il a peur de m'offenser en aimant ma femme de chambre. Hélas ! il s'offense lui-même. (*haut.*) Puisque vous êtes entraîné par un penchant que vous ne pouvez vaincre, je vous avoue que vous êtes à plaindre ; car enfin, avez-vous bien réfléchi sur l'objet & aux suites de votre passion ?

D

ERASTE, *bas.*

Je ne doute plus, elle fait que je l'aime.

LUCINDE.

C'eſt parce que je vous connois de la raiſon, que je veux que vous en faſſiez uſage. Répondez-moi, l'Orange, c'eſt chez moi que vous aimez.

ERASTE.

Oui, Madame; mais vous cherchez à me rendre malheureux. Quel intérêt peut vous faire deſirer de ſavoir ce qui ſe paſſe dans mon cœur ! Mais que dis-je ? Vous ne l'ignorez pas, & vous ne voulez m'arracher l'aveu de ma témérité que pour m'en punir avec la derniere rigueur.

LUCINDE, *bas.*

L'aveu de ſa témérité ! L'amour le met hors de lui-même. (*haut.*) Non, je ne veux point vous punir, mais vous tirer de votre aveuglement, s'il eſt poſſible.

ERASTE.

Ah ! Madame, puiſque vous êtes inſtruite de mon ſecret, ſoyez-le auſſi de ma réſolution. Oui, quoi qu'il en puiſſe arriver, j'adorerai toute ma vie le charmant objet...

LUCINDE.

Cela eſt un peu fort. De l'adoration ! Le charmant objet ? Mais on doit pardonner ce langage à l'amant prévenu.

ERASTE.

L'amour ne m'aveugle point, Madame, mes expreſſions ſont beaucoup au-deſſous de ma penſée; & la beauté, l'eſprit & le cœur de celle que j'adore ſont infiniment au-deſſus de l'un & l'autre ; c'eſt une juſtice que vous lui rendriez vous-même, ſi l'éloge ne vous faiſoit pas rougir.

LUCINDE.

Oh ! C'en eſt trop. Quoi, l'Orange, ſongez-vous bien que votre amour pour elle me fait éprouver votre impoliteſſe ?

ERASTE.

Moi, Madame ?

LUCINDE.

Allons, je vois bien que le mal a beſoin d'un prompt remede, puiſqu'il vous fait tourner l'eſprit. Soyez tranquille, j'approuve votre paſſion, puiſque vous le voulez, & dès demain vous ſerez heureux.

ERASTE.

Madame, je le vois, l'ironie eſt le parti que vous prenez. Je ne ſuis pas digne en effet de votre colere; mais ſans votre ordre je ne ſerois pas coupable.

COMÉDIE.

LUCINDE, *bas.*

Il traite cette affaire on ne peut pas plus sérieusement. (*haut.*) L'Orange, je sai les dispositions de votre maîtresse, & vous pouvez compter qu'en recevant votre main, son sort sera, pour le moins, aussi heureux que le vôtre.

ERASTE, *bas.*

Elle m'aime ? Elle sait donc qui je suis ! (*haut.*) Ah ! Madame, est-il quelque mortel qui se soit jamais trouvé dans une situation plus heureuse & plus charmante ? Vous approuvez ma tendresse, vous souffrez que je vous consacre une vie, que je jure de passer à vos pieds.

(*Il se met à genoux.*)

LUCINDE.

Vous poussez trop loin la reconnoissance ; l'Orange, & c'est sans doute encore une suite du dérangement où vous jette votre amour. Levez-vous, & allez trouver Lisette de ma part.

ERASTE.

Que lui dirai-je, Madame ?

LUCINDE.

Tout ce qu'il vous plaira. Ne voudriez-vous pas que je vous dictasse les choses que vous avez à lui dire ? Arrangez-vous avec elle.

ERASTE.

Mais, Madame, elle est dans votre confidence ?

LUCINDE.

Non, vraiment, c'est moi qui ai l'honneur d'être dans la sienne. (*bas.*) Il est absolument dérangé ! Il me fait pitié. (*haut.*) Dites-lui donc, puisqu'il faut que ce soit moi qui vous instruise, que je consens au mariage avec vous, & que je me charge même de la dot.

ERASTE.

Son mariage avec moi, Madame, il n'en a jamais été question.

LUCINDE.

Oh ! Je m'impatiente, à la fin. Quoi donc ? Vous aimez une fille chez moi, sans qu'il soit question de mariage ?

ERASTE.

Je ne l'aime point, Madame.

LUCINDE, *à part.*

Ciel ! Qu'entends-je ? il aime ici, & ce n'est point Lisette ?

ERASTE, *à part.*

Elle me parloit de Lisette !

LUCINDE.

Vous m'en imposez, l'Orange. Lisette n'est point fille à m'avancer des faussetés ; & puisque vous osez aimer chez moi, il n'y a qu'elle & le mariage qui puissent justifier votre hardiesse. Pesez bien sur ce que je vous dis, & laissez-moi seule.

ERASTE.

Madame...

LUCINDE.

Sortez, vous dis-je.

ERASTE, *en s'en allant.*

Je suis perdu !

LUCINDE, *seule.*

Je crains d'avoir approfondi ce que je voudrois ignorer. L'Orange, que je trouvois si poli, si spirituel pour un Domestique, n'est autre chose qu'un amant déguisé. Quelle témérité ! Mais il est jeune, & ce n'est que folie. Il n'a pas senti les conséquences de sa démarche. C'est quelque étourdi, quelque jeune homme de famille, à qui les Romans auront gâté l'esprit. Il en fait lui-même ; il n'en faut pas davantage pour tenter des aventures. Je dois pourtant lui rendre justice, sa passion n'a paru qu'à titre de zele, & de respect le plus soumis. Mais n'importe, malgré tout cela, je vais le renvoyer tout à l'heure. Mais voici Mondor.

SCENE XIII.

LUCINDE, MONDOR.

LUCINDE.

EH bien, Monsieur, aurons-nous des vers ?

MONDOR.

Oh ! Je vous en réponds, & des bons !

LUCINDE.

Je n'en doute point si vous les faites vous-même.

MONDOR.

Oh ! pour cela je ne suis pas si dupe ; j'aime beaucoup mieux les acheter tous faits, cela est plus commode. J'en ai commandé dix mille au bon faiseur ; vous les aurez, je crois, demain matin, car je les ai payés d'avance. Mais un soin plus important me rappelle auprès de vous : puis-je enfin savoir comment je suis dans votre esprit & dans votre cœur ?

LUCINDE.

Comme une personne que j'estime beaucoup.

MONDOR.

J'enrage ! Quand une femme dit à un homme qu'elle l'estime, c'est à-peu-près, comme quand un homme dit à sa femme qu'il la respecte. Un peu d'amour ne vaudroit-il pas mieux que cette estime-là ?

LUCINDE.

Quoi ! Vous pensez encore à cela ? J'ai cru que c'étoit pour badiner que vous m'en aviez parlé tantôt.

MONDOR.

Pour badiner ! Parbleu, Madame, je défie que quelqu'un puisse vous aimer en badinant ; vos yeux y mettent bon ordre.

LUCINDE.

C'est donc tout de bon que vous m'aimez ?

MONDOR.

Oui, Madame, & de bonne foi.

LUCINDE.

Je vais donc vous parler avec sincérité. Vous savez, Monsieur, que je suis veuve.

MONDOR.

Tant mieux.

LUCINDE.

Je jouis de ma liberté, & graces au ciel, je ne m'en ennuie pas encore.

MONDOR.

Oh ! Parbleu, vous serez libre avec moi plus que jamais ; vous ne serez gênée en rien.

LUCINDE.

Je me gênerai peut-être moi-même. Croyez-moi, Monsieur, vous êtes dans un âge où le joug de l'hymen est bien pesant. Vous vivez content, votre humeur est charmante : dès que vous seriez marié, vous deviendriez rêveur, sombre, chagrin ; j'ai dans l'idée enfin qu'une femme vous porteroit malheur.

MONDOR.

Voilà un conseil qui a tout l'air d'une audience de congé.

SCENE XIV.

MONDOR, LUCINDE, LISETTE.

LISETTE.

Monsieur, voilà une lettre qui presse.

MONDOR.

C'est, sans doute, un échantillon des vers en question... Non vraiment, c'est une lettre de mon frere. Il me donne apparemment des nouvelles de ce neveu dont je vous ai parlé; & dont je suis fort en peine. Madame... (*voulant s'en aller.*)

LUCINDE.

Non, Monsieur, lisez ici ; je sais trop combien l'affaire vous intéresse.

MONDOR.

Puisque vous le permettez...

LUCINDE.

Je souhaite que ce que vous allez apprendre vous tire d'inquiétude.

MONDOR.

Ah !

LUCINDE.

Qu'avez-vous donc ?

MONDOR.

Eraste, mon neveu, est à Paris depuis trois mois.

LUCINDE.

Ah ! Je respire. J'ai cru que vous alliez m'apprendre qu'il étoit mort ou dangereusement malade... Je ne vois rien là qui doive vous affliger ; il est peut-être à Paris, & ne peut vous trouver, faute de savoir votre nom ; car vous en avez changé, sans beaucoup de raison, ce me semble.

MONDOR.

Sans beaucoup de raison ! Quand on s'est battu, qu'on a tué son homme, & que l'affaire n'est pas encore accommodé...

LUCINDE.

Mais votre neveu étoit-il seul ? N'avoit-il personne avec lui ?

MONDOR.

Il est parti, à ce qu'on m'écrit, avec un domestique nommé Frontin.

COMÉDIE.
LUCINDE, *bas.*

Ah qu'entends-je ! *(haut.)* Frontin vient souvent ici ; il est des amis de l'Orange, & l'un ou l'autre vous en donneront peut-être des nouvelles. Lisette.

SCENE XV.

LUCINDE, MONDOR, LISETTE.

LISETTE.

Madame.

LUCINDE.

Que l'on cherche Frontin, il peut rendre à Monsieur un grand service, duquel il sera récompensé : & que l'Orange vienne ici sur le champ. Rassurez-vous, Monsieur, vous apprendrez bientôt ce qu'est devenu votre neveu.

MONDOR.

Hélas ! Madame, que me serviroit de le retrouver ? Vous le dirai-je ? Il est perdu pour moi, après l'indigne action par laquelle il vient de se déshonorer, lui & toute sa famille.

LUCINDE.

Qu'a-t-il fait ? Expliquez-vous, de grace.

MONDOR.

Son pere marque qu'il a appris, & cela par des gens qui l'ont vu en cet état, qu'Eraste est au service d'une Dame.

LUCINDE.

Ah, Ciel, Eraste est chez moi.

MONDOR.

Je vous suis bien obligé, Madame, de prendre tant de part à cette affaire. Je connois votre bon cœur. Jugez de ma douleur ; vous m'en voyez pénétré. Se faire laquais ! Un enfant de famille ! Un fils unique !

LUCINDE.

Ecoutez, il me vient une idée : peut-être est-il amoureux de la personne qu'il sert.

MONDOR.

Parbleu, que ne se donne-t-il pour ce qu'il est ? Si elle le refusoit, elle seroit bien difficile.

LUCINDE.

Vous m'avez dit qu'il étoit bien fait, qu'il avoit de l'esprit.

MONDOR.

Oh ! de l'esprit, il n'en a que trop ! Mais point de jugement. A quoi croiriez-vous qu'il passoit son tems ? A faire des Romans. La belle occupation.

LUCINDE.

Des Romans ? Mais cela amuse.

MONDOR.

Oui, Madame, des Romans, & de plus, des Vers ! Des Vers & des Romans ! N'y a-t-il pas là de quoi faire tourner la cervelle la mieux timbrée ? Il ne lui manqueroit plus que de faire des Comédies, pour être tout-à-fait joli garçon.

SCENE XVI.

LUCINDE, MONDOR, ERASTE.

ERASTE.

Madame, je me rends à vos ordres.

LUCINDE.

L'Orange, Monsieur, se trouve dans un grand embarras. Il ne sait ce que peut être devenu un neveu qu'il attendoit ; vous pouvez l'avoir connu, puisque vous êtes de Lyon ; il se nomme Eraste.

ERASTE, à part.

Qu'entends-je ! Mondor est mon oncle. Ah ! Que vais-je devenir ?

LUCINDE, bas.

Quelle situation ! Je la partage : le pauvre garçon !

MONDOR, à Lucinde.

Il paroît surpris ; il faut qu'il sache où est Eraste.

LUCINDE, à Mondor.

Parlez-lui doucement, ne l'effarouchez point.

MONDOR.

Viens-çà, coquin... Non, non... Rassure-toi, mon ami. Je ne t'accuse point d'être d'intelligence avec mon neveu. Tu le connois donc ?

ERASTE.

Oui, Monsieur.

MONDOR.

Et tu sais, sans doute, la belle équipée qu'il a fait, ce fripon-là ?

ERASTE.

COMÉDIE.
ERASTE.

Je fais, Monsieur, ce que vous voulez dire, mais ne l'accablez point de votre courroux. Il a trouvé, dans la faute même qu'il a commise, une punition plus sévere que celle que vous pourriez lui faire éprouver. Il est méprisé de celle qu'il adore ; que faut-il de plus à votre vengeance ?

MONDOR.

Le pauvre garçon en a la larme à l'œil ; il s'intéresse sérieusement pour mon neveu. Eh bien, fais en sorte qu'il paroisse à mes yeux d'une façon que je puisse le reconnoître sans rougir. Tu sais où il est ?

ERASTE.

Non, Monsieur, je l'ignore. (*à part.*) Ah! si j'allois être découvert devant Lucinde, que deviendrois-je ?

MONDOR.

Mais puisque tu sais qu'il est chez une Dame... Chez une Dame ! Chez quelque Coquette, sans doute ?

ERASTE.

Ah ! Monsieur, qu'osez-vous dire ?

MONDOR.

Parbleu, je m'en rapporte à Madame. Une femme qui a des laquais de cette espece...

LUCINDE.

Voici Frontin.

MONDOR.

Ah ! bon.

ERASTE.

Tout est perdu.

SCENE XVII.

LUCINDE, MONDOR, ERASTE, LISETTE, FRONTIN.

LISETTE, *à Frontin.*

SI tu peux lui donner des nouvelles de ce qu'il cherche, ta fortune est faite.

FRONTIN.

Je tâcherai de profiter de l'occasion. De quoi s'agit-il ?

LISETTE.

Il te le dira lui-même. Monsieur, voilà Frontin, cet honnête garçon à qui vous voulez parler.

(*Erafte fait des signes à Frontin.*)

FRONTIN, *à Mondor.*

Monsieur, il est bien flatteur pour moi que mon étoile m'ait procuré l'honneur de la satisfaction de...

MONDOR, *le prenant au colet.*

Point de compliment; tranchons court, s'il vous plaît.

FRONTIN.

Monsieur, je suis bien votre serviteur. (*bas.*) Quelle est donc cette fortune?

MONDOR.

Où est Erafte, mon neveu, Qu'est-il devenu?

FRONTIN.

Erafte, Monsieur?... (*à Lisette.*) Ah traîtresse.

MONDOR.

Qu'as-tu fais de mon neveu?

FRONTIN.

L'Orange, ne saurois-tu point où il est?

ERASTE, *bas.*

Garde-toi de me nommer.

MONDOR.

S'il ne répond, qu'on aille chez un Commissaire.

FRONTIN.

L'Orange, un Commissaire!

MONDOR.

Parleras-tu?

FRONTIN.

Parbleu, voilà bien des façons! C'est moi qui suis votre neveu; voyez si vous voulez être mon oncle?

LUCINDE.

Le fripon!

FRONTIN.

Traiter de la sorte un neveu? Le sang ne parle plus aujourd'hui.

LISETTE.

C'est un imposteur; son nom est Frontin, je le connois depuis plus de six ans.

MONDOR.

Comment, malheureux! tu es assez hardi pour prendre le nom d'Erafte, & tu n'es que son valet? Qu'on aille de ce pas...

FRONTIN.

Eh! non, Monsieur, que personne ne bouge. L'Orange,

épargne-moi une indiscrétion ; avoue toi-même que tu es Eraste, puisqu'on ne veut pas que je le sois.

ERASTE, *se jettant aux genoux de Mondor.*

Eh bien, Monsieur, vous voyez ce neveu, qui ne doit plus vous sembler digne de l'être.

LISETTE.

Eraste! lui?

FRONTIN.

A propos je te félicite de ta conquête.

LUCINDE, *à Eraste.*

Eh! par où ai-je mérité, Monsieur, une démarche aussi hardie & aussi offensante?

ERASTE.

Ah! Madame, songez du moins que je ne suis jamais sorti de ce respect auquel je m'étois voué en entrant auprès de vous.

MONDOR.

Dit-il vrai, Madame?

LUCINDE.

Je ne puis l'en dédire ; c'est une réflexion que je faisois même il y a quelques momens. Je n'ai pas moins lieu de me plaindre de son étourderie ; elle m'expose à des bruits que je n'ai pas mérités, & l'Orange doit pour jamais renoncer à me voir. Je ne veux pas cependant qu'il sorte sans récompense ; je connois le prix des services qu'il m'a rendus, & lui tiens compte de ceux qu'il auroit voulu me rendre. Prenez cette boëte ; je croirois vous offenser, si je vous payois autrement.

ERASTE.

Madame...

LUCINDE.

Prenez-la, vous dis-je. Adieu l'Orange.

SCENE XVIII.

MONDOR, ERASTE, LISETTE, FRONTIN.

MONDOR.

ON se moque de vous, mon cher neveu ; mais consolez-vous, elle m'a refusé moi-même.

ERASTE.

Que vois-je! Son portrait?

MONDOR.

Son portrait! Ah, fripon! Que je le voie... Oui, ma foi, tu es trop heureux. Donne le moi, tu vas avoir l'original.

ERASTE.

Quoi! Vous croyez... Elle se sera peut-être trompée.

MONDOR.

Cours vîte après elle. Mais va changer d'habit auparavant, elle a congédié l'Orange, & c'est Eraste qu'elle demande.

ERASTE.

Peut-on jouir d'un plaisir plus parfait?

FRONTIN.

Adieu, fidele Lisette.

LISETTE.

Tu es encore bienheureux, faquin, que je ne t'aie trompé qu'en herbe.

FRONTIN.

Va, je te défie de me tromper autrement.

www.ingramcontent.com/pod-product-compliance
Lightning Source LLC
Chambersburg PA
CBHW060520050426
42451CB00009B/1084